두 개의 달이 뜨던 밤

두 개의 달이 뜨던 밤

노진세 시집

신아출판사

◆시인의 말

행복으로 가는 길은 자신만이 선택하는 것이다.
물질적으로 풍요로운 생활을 포기하는 대신
주어진 삶만은 풍성하게 살고 싶었다.
그렇다면 삶을 어떻게 살아야
행복하게 살 수 있을까에 대한 문제가
화두로 등장하지 않을 수 없다.
남아 있는 삶과 주어진 여건을 고려할 때 단지
글쓰기를 통하여, 세상 어느 조그만 구석에
하나의 인간으로 존재한다는 것을
스스로 확인하고 싶었다.
시 창작은, 풍부한 시적 상상력과 진실한 언어로써
개성 있는 내용의 글을 완성해내는 과정이다.
또한, 시인은 범접할 수 없을 것만 같은 우주를 향한
상상력과 잠재되어 있던 내면의 세계를
오직 작품을 통하여 펼쳐 보이는 것이다.
결핍을 극복하려는 자신만의 몸부림과 의지 없이는
한 줄의 글을 써 내려가기도 쉽지 않은 일이다.
독자와 함께 감동을 나눌 수 있는 글이 아니라면
아예 쓰지 않겠다고 다짐하였다.

작가는, 삶 속의 이야기를 독자 누구나 보편적으로 공감할 수 있고 쉽게 읽힐 수 있는 문장으로 작품을 드러냄으로써 시詩의 정신을 구현具現하는 것이 그 무엇보다도 우선하는 첫 번째 임무라고 생각한다. 나는 여기에 충실히 하려고 부단히 노력하였다. 독자가 한 편의 시를 감상하는 동안 치열한 삶 속에서 한 줄기 희망의 빛을 발견하기를 기대한다.

2013. 11.

노진세

◆ 차례

추석에는 두 개의 달이 뜬다

벽에 거울이 매달리면
혼자라도 둘로 나뉘지만
유리창을 내면
일체一切가 하나로 된다

추석날 저녁
창문을 열어놓고
안방에 모셔다 놓은 보름달
드디어 달꽃을 환히 피운다
달꽃에 취하여 마음은 벌써
하늘을 올랐다

가슴에 옮겨 심은
달꽃으로
둥글고 환하게
피가 돌았다

하늘에도 달 하나

나에게도 달 하나
보름달이 두 개나
떠 있던 빛나는 밤이었다

가야 한다

가야 한다
세찬 바람 마주하고
눈빛 세우며
가다 보면 꽃길 만나리라
꽃잎 따라 물들고
아픈 다리 끌면서 가리라
어두운 밤이면 또 어쩌랴

고개 넘고
날이 새면
봄이 사방으로
불타고 있을 텐데

거기까지는 가야 한다

감자를 먹으며 고구마를 생각하다

하지가 한 달 정도 지났을 때
아내가 가게에서 사왔던 감자
특 상품 마이산 감자 20킬로그램짜리 한 상자
가게 주인한테 만 원을 주고
이천 원을 돌려받았다는,
농부는 감자를 잘라 씨를 뿌리고
거름 주고 햇볕을 받게 하며
탈 없이 자라주기를 기다렸던,
주먹만 한 알갱이들이
서로에게 몸을 기댄 채 맥없이 졸고 있었다
정말 싸서 미안한 마음으로 찐 감자를 먹는데
희미하게 떠오르는 시절

고구마 60킬로그램 한 가마니를
단돈 구십 원씩에 팔아 마련했던
초등학교 육성회비
그때도 헐값이었다

밭이랑마다 고구마 순이 뻗어 나가
밭고랑을 푸르게 펼쳐갈 때마다
희망도 더욱 푸르게 자라났다
된서리를 맞고 말라가던
고구마 순을 걷어내고 고구마를 캐면서
나는 점점 사람으로 성장했다

벽을 넘고 나니
얼었던 몸을
햇볕이 녹여주었다

거미줄에 걸린 매미

흑백으로 엇갈린 절벽의 거미줄
거미줄이 사기를 쳤다
날개를 움직일 수 없는
공간은 공중이 아니다
사기 한 번도 치지 않은
매미의 날개가 거미줄을 붙잡고 있다

서빠지게 땅속만 긁다가
햇빛 쨍한 대낮에
살만하니
허허

순하디순했던 마을 사람
농사를 짓던 사람
빚보증으로 박제되어 간
꺼병이 아저씨가
지금도 생각난다
그 아저씨도 마음 놓고 살아갈 수 있는
세상은 오고야 말겠지

결석結石

몸 안에도 모래와 자갈이 살고 있다
봄이면 개나리꽃 피고
가을이면 나락이 익어가던
천연색 역사의 흔적이다
쪼개 보면
작은 과거가
활자로 드러나는,
몸속 작은 둥지에
운명처럼 머무르며
서서히 굳어왔던
화석 한 덩이

그것도 나의 몸이었다

그리움

몸이 아픈 날에는
도롯가에 멈춘 터진 타이어가 된다
굴러가기 직전의 모습으로 서 있던 늙은 타이어
제자리를 떠날 수 없는 타이어는
그 자세로 나이를 먹어가고 있다
바람과 싸우면 싸웠지 밀려 나아갈 수도 없다
그도 전에는 갈 길을 줄곧 내달렸을 것이다
이제는 지나는 차량을 보면서 둥글게
굴러보려는 꿈만을 꾸고 있을 뿐,

그리움은 외로울 때 홀로 자란다
털고 일어나 산길을 달리고 해변을 걸으면서
때로는 바람과 한몸 되어 공중을 나는
한 마리 새가 되어야 한다
뒷날의 추억으로 남을,

그림자

빛이 있기에
그림자가 있다
빛이 아름답다고
그림자가 곱던가
그림자는
그림자일 뿐
그림자는 제 속살을
드러내지 않는다
그림자를 꾸민다고
참모습[眞面目]이 변하랴

빛이 있어도
시간이 지나면
스스로 흔적 없이 사라지는
그림자만을 그려가야겠다

기다림

바람 부는 날
깃발의 휘날림,
종이배가 어디론가
흘러내려 갈 길을 여는
봄날의 시냇물,
산 너머의
보이지 않는 산을 향한
불타는 눈동자

초록 언덕이 머물던
사월의 어느 봄날
오두막 안에서
해가 두둥실 떠오를 때까지
차마 어둠을 접을 수 없어
기상起床하지 못하는 단잠

꽃잔디

때가 되면 스스로 피어나
오가는 이에게 손짓하는 꽃
저희끼리 키 높이를 맞춘
보랏빛 꽃 더미
이어지는 길섶에서
길은 끝이 없고
높낮이도 없다며
넓게 넓게 피어나는 꽃

한 점 봄으로 피어나
길손을 향하여
목을 놓아 합창하는
봄의 소리
꽃 잔치를 벌이는 날
보랏빛 사월의 소리는
파란 하늘로 울려 퍼진다

나이를 먹을수록

고장 난 시계가
겨울 산을 지키는
고사목처럼 오히려
당당하게 보인다

나팔꽃이 피면

저녁 내내 이슬을 마시고
피워낸 한 송이 나팔꽃
어디 이슬만 마셨으랴
아스라이 비추는 별빛을 받고
둥그런 달빛도 받았겠지
제대로 부르지 못하는 노래일지언정
제대로 읊조리지 못하는 시일지언정
나팔꽃 한 송이 꺾어
입에 대고
온몸으로
말꽃을 피우면
멀리멀리 퍼져 나가겠지
나팔꽃 한 송이에 나
온몸으로 노래의
씨앗을 뿌리리
움을 틔우리

마디마디 달빛 되고 별빛 되어

내딛는 걸음걸음은
절정으로 치닫는 행진곡에 맞춰
심장은 더 붉어질 거야

나팔꽃이 피면
생떼가 아닌
허리 굽지 않은 말을
허공에 태풍으로 쏟아내리라

내 뜻대로 되는 리모컨이 필요해

나는 노래를 부르지 못한다
제대로 된 음을
성대가 따라 주지 못한다
내 귀에 노랫소리가 들릴 때마다
목소리 멋진, 그림을 그리고 노래를 부르는
조영남 화수畵手*가 눈앞에 나타난다

언제부턴가 TV를 켤 때마다
오른손에 리모컨이 쥐어져 있었다
내 마음대로 방송을 선택할 수 있고
소리의 크기도 내 마음대로 조절 가능했다
내 마음대로 높은 음을 낼 수 있게
나를 조절하는 리모컨이 있다면
그림은 못 그려도
노래 한 곡쯤은 뽑을 수 있을 텐데
아서라!
네 마음이나 다스려라

* 화수畵手 : 화가와 가수를 겸한다는 의미의 줄임말.

내 안의 우주

산허리를 오르며
손톱만 한
마음을
어질게 다스려
우주를 품는다

이제는 별들이
내 핏속을 흐르는구나
외롭고파도
외롤 수가 없어라

눈동자에 별빛이 흐르면

그때서야

마음에도

봄꽃이

활짝

뉘우침

바람 부는 대로 흔들리던
들풀을 꺾고 나서
버려진 풀이
말라가는 것을 보았다

두 손으로 들어 올린
매실 담은 포대를
내려놓다가 허리가 꺾여
병원 문을 들락거린 일이 있다
내가 나 아닌 양
함부로 대했던 것이다

아픔을 겪고 나서야
가까이에 또 다른 아픔도
있다는 것을 알았다

들풀은 들풀이고
나는 나일지언정

들풀 마르는 것과
내가 마르는 것이
무엇이 다르랴

달빛이 말하다

봄비 내려
다리 밑으로 흘러가는 물
만물을 씻으며
제 갈 길을 가고
하늘엔 달이 흐른다
그 다리 위에서
한참을 서성이다
세상을 누벼왔던
두 다리가 흘러온
길을 헤아려본다

먼 길로 물을 흘려보냈던
다리 위에서
외발자전거 페달에 양다리를 올려놓고
앞으로도 뒤로도
나아가지 못하는 몸뚱이

두 다리와

다리 위 높이
떠가는 보름달이
차마 뜨지 못하는 내 다리를
내려다보며 빛으로 말한다

멈추어 있어도
지구는 돌고 있다고

동그라미

동그랗게 돌아가는
동그라미는
시작도 없고
끝도, 각도 없다

동그라미 안에는
세모도 있고
네모도 있고
돈과 권력, 사랑과 미움, 창과 방패,
호랑이와 염소, 산토끼, 철수와 영희가
흩어져 모여 살고 있다

지금도
그들이 살아 움직이는 것은
동그라미 덕이다

마로니에*

여름 한철 왕매미 소리와
넓은 잎으로 철벽을 쌓더니
추적추적 내리는 가을 비바람에
잎이 젖어간다
잎이 떨어진다
온 잎으로 하늘을 가려
그늘을 드리우던
제 할 일 미련 없이 더는구나

싸가지 없는 승리보다
싸가지 있는 패배가
더 아름다운 것

패배가 다 패배는 아니다
푸르름을 하나씩 덜어내며
살아가는 것이 그렇다
온몸으로 비를 맞으며
견뎌보는 것이다

밀려오는 파도를 넘으려 하지 않고
파도 따라 파도가 되어보는 것이다

싸가지 있는 삶의 패배를 위하여

*마르니에 : 침엽수과의 낙엽 교목.
유럽 남부가 원산지이며 세계 4대 가로수, 정원수로 세계 각지에서 재배한다.

매실

한때는 매운 고추조차
범접犯接하지 못할 정도로
살을 에던 겨울을 친구 삼아
함께 떨며 추억을 쌓았다

휘파람으로 스쳐지나간
그 겨울도
이제는
푸르디푸른
봄뚱아리*에 묻혔다

꽃내음 번지던 3월의
동그란 마음을
차마 접지 못하여
망태기 속에
알토란 꿈으로
차곡차곡 영글어갔다

매실은 여름 열매가 아니고
겨울 열매였다

* 봄뚱아리 : 봄과 몸뚱아리를 합친 말로서, 저자의 조어造語임.
(몸뚱아리는 '몸뚱이'의 방언)

모란꽃 그림

수채화 전시실에서
뿌리 없는 꽃과 마주쳤다
마음이 끌려가
발길이 멈췄던 꽃
그 자리에 서서 한참 동안
눈을 비비고 나서야
바로 보였던 꽃
지금은 식탁 위에
심장처럼 걸려 있다

삼백예순다섯 날
밥을 먹을 때마다
오늘은 밥값을 하고 살아라
오늘은 밥값을 했느냐
묻기를 반복하던 꽃

긴장하던 순간들이
지금의 나를 만들었다

그림 속에 뿌리를
그려주어야겠다
가끔은 물도 뿌려주어야지

무상無常*

처음에는 바람 따라
푸르게 잎사귀 흔들었을,
(나무로 만든)
먼지투성이 의자

마음을 낸 손길로
먼지를 닦아주면
의자가 되는 의자

그 위에 앉았던 길손들
계절을 이어가며
둥우리가 되어주던 의자

모닥불 땔감으로
돌아갈 의자

타버린 재가
땅속에 뿌리 내려

푸르게 다시
살아남을 의자

* 무상無常 : 나고 죽으며 흥하고 망하는 것이 덧없다는 뜻으로, 모든 것이 늘 변한다는 의미.

무심無心으로

수염이 자라
하얗게 변하고
머리가 하나둘 빠지는 것은
예정된 시간표다

수염을 자르고
대머리 빈자리에
머리를 심는다 해도
시간은 거꾸로 흐르지 않는다

지나가는 시간은 그저
강물의 흐름이다
무심으로 바라만 보다가
이내 시간 밖으로 나와버린다

미동微動

새벽이 움튼다
어둠이 겁먹고 사라지면
세상은 그때야
세면洗面을 하고

밤새워
이슬이
솔바람을 깨우니
풀잎이 흔들리고

이제사 깨어난 아침은
오늘은 어제가 아니라고
나에게 말을 건다
풀잎 흔들리는
작은 목소리로

미로迷路에도 출구는 있다

자유와 속박이 미로에 같이 살고 있다
미로에 햇빛을 가두어 놓았는데
저녁까지 남아 있는 놈은 하나도 없었다
어떻게 출구를 찾았을까
그곳에서는 사랑이 미움도 되고
미움이 사랑도 된다
빈 술병이 바람결에 휘파람을 불고
밑창 닳은 운동화 한 짝이 땅 위에서
마음대로 나뒹굴며 자유가 펄럭인다

미로에서는 애증愛憎의 싹이 트지만
자라나서는 사랑의 열매를 맺는다
미로는 낙원이다
공기와 물이 언제나 공짜로 차려 있다
몸속에 가시로 박힌 뼈를 덜어내고
출구를 만나려면
휘어질 수 있어야 한다는 것을 알기까지는
동백꽃이 몇 번이나 피고 졌던가

삐딱하게 기울어져 돌아가는 지구가 왠지 불안하다
허리를 휘어 출구를 벗어나자마자
늦가을의 나뭇잎은 하나둘 떨어져 있을 것이다
여명黎明*을 기다리는 마음은 살짝 감추어 둘 일이다

* 여명黎明 : 희미하게 날이 밝을 무렵. 희망의 빛.

미리 작성해 놓은 유언장

마음만큼 뜻은 펴지 못했지만, 최선을 다하며 살았다
실패의 쓴맛도 달게 느끼려고 혀를 깨물기도 했다 삶이 다하는 날
나의 마지막 호흡을 발견하거든 주변에 알리지 마라
무의미한 연명치료는 절대 시도하지 마라
영혼을 떠난 육신은 내가 아니니 서둘러 재로 만들어라
오염시키지 않을 땅을 골라 흙 속에 재를 묻고 흔적을 지워라
죽은 날짜를 기억하지 말고 제사를 지내지 마라
이제야 영원히 살아갈 나의 별나라로 갔으니
오히려 충만한 기쁨으로 축복하라
밤하늘의 별을 바라보는 것은 나를 만나는 것이다
그동안 써두었던 시집 몇 권을 전 재산으로 남기고 떠난다
그게 바로 나의 얼이니 작품을 감상하는 것은 나를 만나는 것이다
힘든 일을 만나더라도 따뜻한 피가 흐르고 있음을 잊지 마라
자신을 영적으로 성장시키는 데 온 힘을 다하라

별나라는 내가 태어나자마자 고향으로 여겨왔던 곳이다
먼저 지구를 떠난다
행복하게 잘 살게나, 안녕 그리고 안녕

바다로 향하는 돌멩이

생각 없이 살아왔다
한 잔 술을 마시면
화선지에 먹물 번지듯
날개 달린
한 개 바위로
뭉게구름까지 날아오른다

한참을 유유자적悠悠自適하다가
날개를 접고
나를 찾아 나서는데
숲 속에도
마을 안에도
강물 속에도
그 어디에도 없다

인적 없는 들길에
그대로 두어라
돌멩이로 부서져 있다만

돌멩이는 지금
지느러미 달린 물방울이 되어
강으로 바다로 내달리고 있으니

바람

풀잎사귀를 만지듯 흔들고 가기에
다가가 너를 잡으려 했다

봄을 몰고 오면서 햇빛과 더불어
꽃을 피웠다 시들게 하고는
마침내 열매를 맺게 하였다
밤이면 너로 인하여
등대 빛은 사정없이 흔들리고
나는 별이 되어
어둔 밤을 간신히 지켜냈다

흩어졌다가도 모이더니
또 그렇게
흩어져 떠나는구나

바람처럼

돌아오지 않는 메아리
보이지 않는 울림
멈추지 않는 몸부림
잡히지 않는 술래잡기
그래도 지나온 자국마다
꽃을 피우고
시들게 하고는
열매를 맺게 하였다

솔잎과 속삭이듯
가느다란 흔들림을
만들어냈던 바람이
솔가지 위에
별 하나 내려놓고 갔다

인파人波의 광장에서 홀로
그림자를 남기지 않고 왔듯이
바람처럼 그렇게 흘러가야지

가다가 지치거든
솔가지 위에 내려앉아
별과 함께 쉬었다 가자

바위처럼

바람에 흔들리지 않고
비에 젖지 않고
눈보라에 얼지 않으면서
우뚝 서 있는 바위는
얼마를 버텨왔을까

허허벌판에 홀로 허수아비 되어
싸가지 없는 바람이 불어와도
땅이 흔들리고 쪼개져도
그저 고개만 끄덕이는
바위로 살리라
하늘을 품고 땅을 품어
바람도 마다치 않으며
비가 내려도
속으로 젖지 않는
바위로 남으리라

꽃 피고 나팔소리 들리고

무지개 떠올라도
구도求道*하는 바위로
우뚝 살리라

* 구도求道 : 불법의 도를 탐구함. 안심입명安心立命의 길을 구함.

배경은 아름다웠다

담장을 물들이는
장미꽃이 좋았다
불꽃을 사르기에
눈길이 멈추었으나
그게 아니었다
꽃 뒤의
녹색 이파리들이
붉은 꽃을 받들고 있었다
겨울 봄 여름을 맞이하며
햇빛을 반죽하여
영양분을 보내고
가쁜 숨을 몰아쉬며
꽃을 피워내는 일은
장미 이파리의 몫이었다

불꽃으로 피어나던 꽃
꽃 뒤의 이파리는
꽃보다 고운 꽃으로 피어났다

별빛과 나누는 대화

살다가 슬프거든
구름 속에 슬픔을 묻어버리자
살다가 아프거든
강물 속에 고통을 흘려보내자

호탕한 웃음은
눈물 속에서 자라난다고,
삶은 싹틀 때부터
비바람 없어도
흔들리는 외줄 타기라고,
정좌定座하지 못하는 나에게
어둠 속에서 빛나던
별빛이 알려주었다

별이 되어 반짝일 거야

밤하늘의 어둠을 사르는
저 많은 별은 누구의 별인가
그중 하나는 내 별이다
그 별을 지상으로 초대하여
집 안에 모셔두고
물도 뿌려드리리
비바람 몰아치는 날
길을 잃어 외로울 때면
별을 바라보며
가야 할 길을 찾아내고
반짝이는 꿈을 꾸리라

하늘이 열리면 사방으로
아낌없는 별빛을 쏟아 보내리라
햇빛이 사라지고 어둠이 와도
마냥 더 신이 나서
힘을 낼 거야
나와 내 별이

힘을 합쳐
멈추지 않고
두 배로 반짝일 거야

붉은 신호등과 하는 약속

너는 어제의 전장戰場에서
나를 구해주었던
방호벽이었으며 방패였다
네 명령에 복종하였기에
오늘 너를
다시 만나게 되었구나

조금만 기다리면 될 일을
운전할 때마다
멀리서 네가 보이면
눈살을 찌푸리며
씩씩거렸지

다음에는
포근한 녹색으로
웃으면서 만나자
아니, 가끔은
붉은색이어도 괜찮아

비 내리던 한밤중에

장대비는 내리고
깨고락지는 밤새 울어쌓고
선풍기는 삐거덕거리고
신문지는 NLL로 아우성이고

빗속을 거닐며 헤매던 마음을 다잡고
어둠 속에서 겨우 세 줄의 시를 썼다

모든 소리 어우러져 밤새 자장가로 들리나니
나 그 소리에 취하여 꿈도 꾸지 않고
온 밤을 잠이나 실컷 자야겠다

사랑은 창밖의 빗물 같아요*

단비 내리던 처서 날
여름을 식힌 것은
빗물이 흘러내리던
창 안쪽의 외사랑이었네
바위처럼 머물던 뙤약볕은
잠시 사라지고
창밖으로 떠나려 할 때마다
빗물은 나를 말갛게 씻어 주었지
긴긴 불면의 밤이 나를 키웠다
시방부터는
손바닥으로 나를 쓰다듬어야겠다
사랑은 그렇게 조금씩만 키워나갈 일이다

빗물로 고열이 식어가는 동안
일상은 물음표와 느낌표로 반복되건만
자신 있는 마침표가 찍힐 때까지는
사랑을 키워나갈 일이다
동화책을 읽던 시절은

다 흩어지고 찾을 수 없으니
내 마음 가득
사랑을 구가謳歌할 일이다
사랑은 창밖의 빗물 같다 하지 않던가

* 이 시의 제목은 가수 양수경이 불렀던 대중가요인 〈사랑은 창밖의 빗물 같아요〉의 제목을 그대로 인용하였음.

사월 초파일

대나무처럼
속을 채우지 못했던
어느 봄날
잠시 방을 비운 사이
고양이 한 마리가 들어와
밥상 위 생선대가리를 물고
소풍을 갔다

공양한 것으로
마음을 바꾸니
찰나, 부처가 되었다

살림살이

내 머릿속에는 송곳 하나
척추처럼 들어앉아 있다
먹고 사는 일이 힘들어
그놈의 송곳을 뽑아내려 했으나
지금까지도 같이 살고 있다
피안彼岸*에서 나를 부르는 손짓을 보고
강을 건너야 했으나 뱃삯이 없어
건너지 못할 때마다
진저리나도록 내 몸 찌르기를 반복했던 송곳
하루살이도 아니고 아직은
살아야 할 날이 남아 있는데

길 위에 떨어져 있던 백 원짜리 동전 하나 주워들고
웃다가 웃으며 만지작거리다 행복에 겨워
손가방 안에 고이고이 넣어두던 나그네를 보았다
그에게서 송곳 하나가
그렇게도 쉽게 빠져나가다니!

햇빛 찬란하던 길 위에서 송곳 하나 뒹굴고 있었다

* 피안彼岸 : 강의 건너편 기슭, 혹은 사바세계娑婆世界의 저쪽에 있다
는 정토淨土를 일컬음.

살아있는 개비*

죽었다고 죽은 것이 아니다
개미가 죽은
나비날개를 입에 물고
한 마리 나비 되어
날아달리고 있었다

땅을 박차고
위로 멀리
날고 싶었겠지

개비 날개는
흔들리며 휘날리며
바람을 데리고
앞으로 앞으로 나아갔다

개미가
죽은 나비에게

생명을 불어넣은 날이었다
죽었다고 죽은 것이 아니다

* 개비 : 개미와 나비를 합친 말의 약칭으로, 저자의 조어造語임.

삶의 그림자

살다가 슬프거든
구름 속에 슬픔을 묻어버리자
살다가 아프거든
강물 속에 고통을 흘려보내자
호탕한 웃음도 처음에는
눈물 속에서 싹이 텄다고
어둠 속에서 빛나던
별빛이 알려주었네
힘들 때마다 힘을 보태주었던 그 말

세찬 바람 없어도 흔들리는 외줄 타기
그런 그림자를 그려나가는 것이 삶이었나 보다

상처

밥을 먹다 송곳니로 혀를 씹었다
살점이 찢기고 떨어져
흐르는 피를 보고는
업業*이라 생각했다 그래도
자신에게 준 상처여서
다행이었다

함부로 내던진 말이
마음에 피를 흘리게 하는 일이 있다
화사한 봄날의 기운마저
지워지지 않을 어둠으로 날인된다

말이 주는 상처가
산을 기울게 하고
바다조차 말라버리게 할 수 있다
내가 나에게 입힌 상처는
오히려 혀를 담금질했던

쓰디쓴 약이었다

* 업業 : 미래에 선악의 결과를 가져오는 원인이 된다고 하는, 몸과 입과 마음으로 짓는 선악의 소행.

세밑 단상

네모 속에 세모歲暮가 있다
마지막 달력 한 장
단풍들었다
부서지고 넘어지고
일어나 구르다가 날아서
여기까지 왔구나

그리운 것들은 넘어졌다가도
일어서기를 반복해야만 하는 것
추억 속의 한 폭짜리 그림으로 남아 있을 것인가
아니면 색칠을 더하여 키워나갈 것인가
마음먹기에 달린 일이다
가는 해 마중하고
다가오는 해에게는
마음을 구부려야 하겠다

영원한 것은 없다는데 마음대로
끊어지면 다시 이어 붙여왔던 징검다리 생활

자연의 질서를 시작과 끝으로
분명하게 매듭을 지어주던 달력
남아 있는 달력을 보면서 나에게 묻는다
우주 안에 시작과 끝이 정말 있기라도 한 것인가?

세탁기洗濯機

때 묻은 것이라도
고개 돌리지 않고
기대를 채워주는
드넓은 손

제 몸 안에 들어온 옷에
세제洗劑를 뿌리고
가속으로 돌고 나면
정갈한 세상이 펼쳐지는
견고함

그뿐인가
때 묻은 돈도
정갈한 돈으로
바꾸기 위해
세탁해 버리는 통 큰
위인들이 지구 위에 함께 살고 있다
부끄럽다!

마음으로 빨지 않고
깨끗한 척하려는 욕망 때문에
자신 스스로 과녁이 된다
세탁기洗濯機는
세탁기世濁機가 아니기 위하여
힘 센 고집을 부려야 할 때다

시간 여행

누에가 사각사각
시간을 갉아먹는다
시곗바늘이 돌아간 만큼
누에의 몸을 키우고
누에고치 안의 시간 조각들은
말라서 박제되고
누에의 이빨 자국은
꽃으로 돌멩이로
새겨진다

누에는 시간을 먹었을 뿐이다
고치 안에서도
뽕잎을 먹지 않았다

시간을 만든 것은 뽕잎이었다
누에가 제 몸을 비틀어 짜낸 것은
시간으로 연결된 실타래였다
끊어지지 않는 실을 뽑기 위해

허공 같은 몸뚱이로 부풀었을 것이다

거저 얻은 뽕잎은 안 먹었다, 나는

시계

나는 냉정하게 당신의 시간을 낚아가지만
피해는 주지 않아요
나의 밥은 건전지나 전기라서
똥오줌을 걱정하지 않아요
살도 찌지 않아요
기분이 좋아도 나빠도 드러내지 않아요
여름이나 겨울이나 게으름을 피우지 않아요
당신의 행복과 불행도 내 안에 있어요
내 할 일만 부지런히 할 뿐이지요

나를 무서워하는 사람이 있더라고요
못된 짓만 골라 하던 사람이 세상을 떠나던 날
나를 힐끗힐끗 보면서
'저것을 거꾸로 되돌릴 수만 있다면'이라는
말만을 거듭하였지요
뒤늦은 후회였어요

내가 아무리 반짝거리는 소리를 내도

마음 문을 닫은 사람은
나를 별이라고 불러주지 않아요
나를 바라보지 않고
지나는 날이 하루도 없으면서도요

시낭송을 마치고

대중 앞 연단에서
이성선의 〈사랑하는 별 하나〉를 낭송했다

겨우 아물었던 상흔들이 마른 눈동자에
이슬을 내리려 할 때마다 구름 너머에 있을
별들을 생각해내고는
젖어드는 가슴을 달랠 수 있었다

밀물처럼 밀려왔다가 썰물처럼 빠져나가는
싱싱한 혀의 떨림은 파도로 일렁였다
거센 파도가 되기까지 얼마나 넘어지며 굴러왔던가
한 줄의 시가 성대를 울리며 밖으로 분출되기까지
얼마나 긴 호흡이 필요했던가
침묵이 아닌 웅변은 파랑새 되어 지금은
별나라로 영영 나를 떠났다

시낭송협회* 창단을 축하하며

사막을 걷든 초원을 걷든 누구나
살면서 누벼왔던 발로 책을 쓰고 있습니다
아니, 자화상을 그리고 있습니다
따뜻한 사람은 따뜻한 책을 쓰고
냉정한 사람은 냉정한 책을 쓰지요
따뜻한 책 속에는 겨울이 지나서야 불어오는
봄바람의 온기로 가득한 사랑이 배어 있습니다

아름다운 삶은 사랑입니다
먼저 자신을 사랑하는 것입니다
사람이라는 단어에서
받침 글자 □(미음)에 보이는 네 개의 각을 없애면
그야말로 사랑으로 변하지요

금빛으로 빛나는 순간을
놓치지 말고 수시로 물을 뿌려주세요
그리하여 자신의 사랑을 키우세요
사람으로 살아간다는 것은

가야 할 길을 사랑으로 헤쳐나가며 사는 길이니까요

마음을 움직이는 시를 발견하거든 수시로 읊어보세요
순간순간이 사랑으로 빛날 것입니다
고난의 길도 고통의 길도 어둠의 길도
행복으로 가득가득 차오를 것입니다

* 저자가 회원으로 가입하여 활동하고 있는 '사단법인 한국감성리더시낭송협회'의 창단을 축하하며 발전을 기원하는 마음으로 창작한 작품임.

시를 쓰는 이유

살아왔던 시간을 쭉 연결해보면
강물처럼 흘러왔다 해도
나이만큼 살아온 것은 아니다
한결같다는 것, 하늘에서 별 따기다
해마다 365일을 온전히 살아서
오늘까지 이어져 온 것이 아니다

구렁이가 돌담을 기어오르며
혀를 날름거리는 게 미워 심장을
돌멩이로 명중시켜 땅바닥으로 떨어뜨린 일,
있는 힘을 다하였으나 뜻대로 안 되어
잠 못 이루었던 날과
나에게 비수를 꽂았던 시간을
잘라내고 나면
제대로 살아온 삶은 반절도 안 된다
그런 계산법으로 내 나이는 서른도 안 된다
마지막으로 호흡할 시각이
언제일지 모르고 있다

나이만큼 제대로
살아내기 위해서
오늘처럼 화려하고
외로운 날에는
고운 펜으로 또박또박
시를 써야겠다

싹수 있는 꿈을 꾸어라

탕-탕 총소리가 날 때면 귀를 막는다
날마다 집에서 샤워하고 말지
목욕탕에는 안 간다
지금까지
진흙탕이 진흙탕인 줄도
모르고 살아왔다
지금부터는 생활에서
마음에 들지 않는
'탕'이란 글자는 모조리 덜어내야겠다

진흙, 그 정淨하고
아담한 속에 뿌리를 내린
연꽃 한 송이 피워내야겠다
하늘을 하늘로 알고
땅을 땅으로 아는
그런 연꽃을

아들아, 눈을 맞지 마라

눈이 내리면 세상이 하얘진다고
포근해진다고 말한다
백로처럼 겉은 희지만
속이 검은 것은 눈이란다, 그 흰 눈
녹아내리는 눈을 보아라
곪아 터지고 있지 않으냐
녹은 눈이 땅속에 스며들면
소나무가 제대로 잎을 피우겠느냐

배를 불려 주겠으니
아무 걱정 없다는
이곳 지상에 흰 눈이 마구
쏟아져내리는 소리를 보았느냐

곳간은 채워 있지 않지만
해가 뜨나 비가 오나 가리지 않고
고혈膏血이 쌓여가겠구나
눈을 바라보지 마라

눈동자를 눈으로 채우지 마라
네가 걸어야 할 길은 눈길이 아니다
차라리 비가 내리거든 빗길을 걸어라

약동躍動

겨울 지난 나무에서
잎이 돋아나고 있다
나도 봄을 따라
손발이 바쁘구나

어느 여름날에 떠오른 생각

찬물 속 개구리는
물 온도를 높이는 만큼
체온을 높여가며 적응하지만
물이 뜨거워져도 그걸 모르고
제자리를 지키다
끝내는 냄비 속에서 삶아진단다

그런데 처음부터 뜨거운 물 속에
개구리를 집어넣으면 온 힘으로
뛰쳐나와 죽음을 모면한단다

조용한 호수의 백조로만 살 수가 없었다
여느 때는 파도로 출렁이는
열과 불을 만날 때가 있다
땅 투기를 하여 졸부가 되는 것
부하 직원을 승진시켜 주겠다고
돈을 받아 호의호식하는 것

끓는 냄비에서 뛰쳐나와야 한다
열을 식히고 불을 꺼야 한다
어젯밤의 달과 오늘 밤의 달은 무엇이 다른가
뜨거운 물 속을 뛰쳐나오는 게 그나마
개구리처럼 세상의 여름을 사는 길이다

여러 자화상

샤워장에서 들어가 보았던 거울 속
깡 말라버린 몸뚱이
살가죽과 앙상한 뼈들
오늘도 아무 탈 없이 살아내 다행이라고
시대의 승리자라도 된 듯
두 손을 들어 만세를 불렀다

89세 된 조지 HW 부시 전 미국 대통령이 자신의 재임 기간 비밀경호를 맡았던 한 대원의 아들이 백혈병을 앓고 있다는 소식을 듣고 삭발을 했다.

머리카락이 보이지 않는 아버지 부시는 손자를 안고 있는 할아버지처럼, 휠체어에 앉아 두 살짜리 아이를 안고 환하게 웃는 모습이 신문에 실렸다.

따뜻한 가슴을 가진 전직 대통령의 순진무구한 모습이 바다를 건너 내 눈앞까지 다가왔다.

TV 뉴스를 보면
이것이다, 저것이다

저것이 맞다, 이것이 맞다
네 것이다, 내 것이다
절반은 헛소리다
귀가 따갑다
시끄러워 잠을 잘 수 없으니
몸에 살도 안 붙는다

편안한 수면을 위하여
그리고 내일을 위하여
눈을 감고
귀를 막아야겠다

열불은 119 소방차도 못 꺼

입추가 지났다
빨랫줄을 힘겹게 받치고 있는
바지랑대 끝에 아스라이
가을이 매달려 있다
손을 들어 가을을 마중하려 하나
지구는 지금
36.5도를 비웃고 있다

누구는 억 소리를 내며 돈다발을 삼켰는데
맵고 찬 겨울부터 뜨뜻한 뱃속에서 소화되어
뜨거운 똥으로 변하자 이 여름날
억억 힘을 주어 변기에 똥을 갈겨 놓았으니
그 열기에 날씨가 된더위로 이어질 수밖에

지구는 시방 열불이 났다
마음은 가을을 맞이하려고 하나
따라주지 못하는 나의 무기력
열불은 119 소방차도 못 끄고 있으니

어찌할거나
너와 내가 언제까지
높은 열기를 견뎌야 하나

지금 지구는
불타는 꽃밭
그 위에서
너도 살고 나도 살고 있으니
열불은 열불로 다스려봐?

오월 단상

오순도순
모인 마을을
휘감아 흐른 강물
평행으로 제 길을 따라
달려온 기차

강물에 흘러온
지난날들을
달맞이꽃이
마중 나온 밤이었다
평행선을 그리며 내는
낭만의 기적은
느닷없는 오월 피바다의
소실점에 머물러 있고
역사는 지금껏 계속되었다

우중雨中의 상상想像

비 내리는 날
홀로 방안에서
생각 없이
사색思索을 한다

우주는 온몸으로
지구를 향하여
작살의 비를 내릴 제
솟아오르는 빗소리가
리듬을 뿌려
나만의 귀가 열린다

모란동백 가요가 들리고
슈베르트의 자장가가 들리고
Let it be 팝송이 들리고

싱싱한 상상이 묵언 수행 중인 나를 간지럽힌다

비 그치거든
가슴에 날개를 달고
하늘을 날아야겠다

유월의 소금

유월은 뜨겁다
살갗의 숨구멍은 더 열리고
가만히 있어도
몸속의 염분은 빠져나간다

바닷물은 3% 염분 때문에 썩지 않는다
내 몸이 유지되려면 소금이 필요하다
살아있다는 것은 썩지 않는 것
싱싱한 생각을 위하여
새로운 몸을 위하여
소금을 먹고 나서
한잠 푹 자고 일어나야겠다

은행 옆을 지나면서

은행을 털어야 할 때는 따로 있다
돈이 궁하다고 아무 때나 터는 게 아니다
사람이 도로에 다니지 않는 늦은 밤이면 더 좋다
조금은 목표물을 볼 수 있도록 그믐달이라도 떠 있는 밤이면 더 좋다
장대로 은행을 마구 후려 패
땅바닥에 떨어져 깨질 때 구린내가 퍼져 나간다
그때 혼자만 얼굴을 찌푸리면 되니까

열매 속엔 몇 푼의 돈이 되는 은행 씨앗이
해마다 가을이면 나를 긴장시킬 때가 있는 것이었다

그러나 어찌할꼬
나에겐
은행을 후려 팰 만한
장대가 없으며
용기도 없는 것이었다

장대와 용기가 없으면
돈은 아무나 버는 것이 아니다

이것은 거짓말이야, 나에게는

해는 동쪽에서 뜨고 서쪽으로 진다
보름달이 초승달이나 그믐달보다 더 크다
지구를 달리고 달려 끝에 가면
천 길 낭떠러지를 만난다
법은 언제 어디에서나
어떤 경우에도
만인 앞에 공평하다
애먼 짓 하지 않고 성실하면
돈도 많이 번다
어느 시인의 말
이 세상 모두가 아름다웠다

이쯤 해서 나도 한마디 보태본다
시를 쓰고 읽고 외워보는 시간이 아니더라도
숨 헐떡이며 가슴 조이고 살아왔던
모든 순간이 아름다운 삶이었다고
그래서 언제나 행복했었다고

이사하던 날

사무실이 들어섰던 건물이 팔렸다
건물을 고친다면서 비우라 한다
말은 부드러웠지만
내 귀는 명령으로 받아들였다
12년 정도 머무르다 옮길 때가 되니
책이며 메모지며 서류철이며
제때 정리하지 못한 잡동사니들이
내 몸무게보다 훨씬 더 무거울 정도였다
나와는 인연이 다하였으므로
데리고 갈 이유가 없다
그들과의 인연을 끊느라
올여름은 꽤나 더웠다
생명 있는 것이든 없는 것이든
인연이 다하면
미련 없이 제때에 보내야 했다

몸뚱이조차도
내 것이 아닐진대

둥지를 남기고 떠나는 새처럼
지금까지 머무르던 곳을 두고 어디론가
떠나야 할 때가 있다
떠난다는 것은
아름다운 기억이나 고통스러운 기억이나
이미 내 것이 아니라는 것을 알게 되는 일이다

잃어버린 나를 찾아서

나는 어디로 갔는가
가끔은 나를 찾지 못해 애를 태운다
따뜻한 호빵 속에 얼굴을 숨기고 있을까
막걸리 한 대접 속에서 유영遊泳하고 있을까
들길에 홀로 서 있을까
지폐 더미에 묻혀 살고 있을까
불러도 대답은 없다
흔적 없이
어디 먼 곳으로
여행을 나서기라도 했나
짐작해보다가

하루해가 저물 무렵이 되어서야
내가 나를 붙잡고 있음을 알았다
한 호흡 가다듬고
머지않아 잊히고 말 내가
새롭게 깨어나기 위해
오늘은 잠이나 실컷 자야겠다

잊자, 그리고 잊지 말자

말로만 상처를 주는 게 아니고
침묵으로만 상처를 주는 것도 아니다
노란 메모지에 쓴 50여 글자로도
사람을 쥐락펴락하기도 한다
상대방의 마음을 헤아리지 못하고
상대방과 소통하지도 않고
일방적으로 써놓은 글자는
잔잔한 파도를 넘고 넘다
결국은 거센 파도로 돌변한다
밀림지대에서 생존하기 위해서는
소통과 조화가 필요하다
이제는 모두 잊자
잊을 수 있어야
태산처럼 용서도 할 수 있다
혹독한 추위에서 모양만 살아있는 눈사람은
추위가 풀리면 스스로 녹아
이내 자취를 감출 수밖에
영원한 것은 없다

그러나 잊지 말자
그동안 감사했음을
내일을 푸르게 살기 위해
가슴을 비워내고
미소로 채우자

자화상

나를 만나보려고
거울 앞에 설 때마다
낯선 사람이 마주하기에
눈을 감아버렸다가
눈을 뜨고 다시 찾아 나서는데
?
?
?
,
?
?
?
?
!
?
.

어디를 뒤져봐도
나는
없다
없을 것이다

작은 하늘이 된 우산

비가 내릴 때면
젖어들기 싫어
하늘을 가린다

그럴 때는
나를 덮은 지붕 하나가
하늘 아래 또 다른
하늘이 된다

비 내리는 날
내 머리 위에는 하늘이
두 개나 있다

장마철 하늘의 조화造化

어떤 나라에서는 배가 고파
감자 훔친 젊은이를 여럿이
때려죽였다고 한다
그래서 이 여름에 하늘도
미친 듯 술을 마셨나 보다
그리고는
하늘이 이 땅 위에
질서를 세우기 위해
비를 내렸던 것이다

귀를 놀라게 했던 천둥소리는
눈과 귀, 입이 제 역할을 못 하면 언제라도
칼자루를 들이대겠다는
의지를 보여 주었던 것이다

남녀노소男女老少 부귀빈천富貴貧賤 가리지 않고
비를 맞고 천둥소리를 듣고 나서야
우리의 삶이, 우리의 여름 한 철이 지나가는구나

장미꽃 이파리

오월이 비껴가는 어느 날
우체국 앞
장미넝쿨과 나란히 서 있는 우체통
우체국 담장 안쪽의 장미꽃은
솥뚜껑만 한 열기를 품고 있다

장미꽃 이파리 하나 따서
손바닥에 문지르면
붉은 피 금방 젖어들겠다

하늘이 높아만 보이고
춥고 바람 부는 날을 위하여
장미꽃 이파리에 우표를 붙여
우체통에 넣어야겠다

훗날 내가 살아가는
외딴 오두막집에
비둘기 되어 날아올

장미꽃 이파리
넘어져도 일어나 다시
날아올 비둘기를 위하여
꽃 이파리에 흠뻑
물을 적셔주어야겠다

저울질

저울질을 하여
균형을 잡고 나서야
세상에 길이 생기고
그 길 위에 자동차가 지나고
공중에서는 비행기가 날아다닌다

아침에 잠에서 깨어나
오늘은 어느 길을 걸어야 할지
저울질한다
어제만큼이라도 살아내기 위하여
내 마음속 저울이 사라질 때까지
하루에 길 하나씩 지워나가야겠다

주장자柱杖子*가 된 은행나무

역사는 몇 번이나 넘어지고 일어섰던가
무궁화는 몇 번이나 피고 졌던가
영원토록 푸르기 위하여
아래로 옆으로 뿌리를 뻗었으리
의상대사의 지팡이가 땅에 뿌리를 내렸다는 나무
북극성까지의 거리가 800 광년光年**이라는데
양평의 용문사에는 일천삼백 살 된 은행나무가
부처의 주장자로 곧게 살아
속세에 진리의 휘파람을 날린다
허한 몸통이어도
핏속에 끓는 이야기는 샘물로 솟아오른다
인간의 쩨쩨한 전쟁과 시기하는
비바람에도 굴하지 않고 버텨낸 위용이
잎사귀마다 장성將星***으로 반짝인다

양평에서 전주로 오던 중
에돌아오던 길에 들렀던 용문사
은행나무를 마주하는 순간

비굴한 군상에 속하지 말자고
주판알 굴리지 말자고
한 생각 고쳐먹는 순간, 부처가 되었다
푸르게 피가 도는 주장자로
땅을 내려치자 지축이 흔들, 한다
중심을 잡고 감았던 눈을 뜨자
한낮에 별들이 내려와
백팔 번의 절을 한다

* 주장자拄杖子 : 선사들이 좌선할 때에나 설법할 때에 가지는 지팡이.

** 1광년光年 : 빛이 초속 30만 킬로미터의 속도로 1년 동안 나아가는 거리

*** 장성將星 : 어떠한 사람에게든지 각각 인연이 맺어져 있다는 별.

지혜

피어나야 할 때와
져야 할 때를
스스로
아는
저 꽃!

추억 속의 꽃

어둠을 기다리다
피어나던 꽃
그 속에서
달이 뜨고 별이 살았지

그 밤이 지나고
꽃은 시들었으나
내 마음 한구석에
지금도 피어 있지

꿈속에서 보았지
밤이면 지붕 위에
보름달로 피어나던,
열댓 나이의 내
심장을 아늑히 달래주던 그 꽃을
달과 별이 어우러져
피워내던 꽃

어둠을 기다려
어둠 속에서
피어나던 박꽃

춘흥春興

바람으로 태어나
바람으로 되돌아가는 길
봄바람을 움켜쥐니
손바닥이 다정多情도 하다
그 안에
달걀 하나 쥐고 있으면
금방이라도 노란 병아리
한 마리 깨어날 것인데
나는 지금 무엇하고 있는가

펭귄의 꿈

먼 하늘을 바라보며
조상을 떠올리다
차마 접지 못하고
돋우려 돋우려 하는
펭귄의 날개

아무나 볼 수 없는
바닷속을 훨훨 날던
날개도 물을 벗어나면
(지느러미)발이 될 뿐
공중으로의 비상은 애당초
흘러간 종소리

어찌 꿈을 꿈으로만 꾸고 말 것인가
뼛속까지 비워내야 하리
새로 태어나려면
애증愛憎이 필요하다

오늘도 비아냥거리는
눈초리를 뒤로하고
뼛속을 비우며 말리고 있다
날개가 퍼덕이는 꿈을 꾸면서

푸르게 푸르게

푸른 옷을 걸치고 출렁이며 뒤척이며
바다가 제자리를 찾는 것을 보았는가
쏟아지는 햇빛 속에 붉은 열기가
포도송이로 날아다니던 날
바다가 강물을 포옹했던 것이 한두 번이었던가
강물이 개울물을 보듬어 흐르듯
가슴속에 빛 한 줄기 흐르거든
내 그림자에 푸른 옷을 걸치자

바다 조각 하나 떼어 하늘로 쏘아 올리자
구름 한 점조차 가리지 못하게 푸른 옷을 걸쳐주자

비구름 속에 날개 젖은 새 한 마리가
푸른 하늘을 찾아
무거운 날갯짓을 하고 있구나

푸른 그림자를 남기며

그림자는 죽지 않는다
내 죽어도
정精한 그림자는 살아남을 것이다

오늘도 앞을 향하는 걸음을 다독이며
서두르지 않고 푸른 그림자를 새기는 것이다

젖은 길도 마다치 않고
걷기 쉬운 길만 골라서
가지는 말아야겠다

낚싯바늘에 주둥이가 찔린
물고기의 고통은 모른 채
낚시질에만 눈빛이 빛나는
어두운 그림자는 만들지 않을 것이다

풍경

낮게 엎드린 논은
햇볕을 우려내고
푸른 산은
음표 없은 낮달을
벗 삼아 노래 부르네

자동차가 핥고 지나는
길옆 논밭에서
숨죽이다 놀라
깨어나는 벼와 보리

여유를 부리며
흘러가는 낮달을 좇다가
푸른 산이 되어 살고파
산길마다
그림자 흘려놓는다

한 개 모래알이 되어

꿈을 꾸었으나 잠에서 깨어나면
기억나는 것은 꿈의 테두리뿐
도대체 내용은 떠오르지 않는 것이었다
밤새 나를 사로잡은 것은
자신을 속인 헛꿈이었다

어느 날 정신을 차리고 바라보니
지금까지 바닷가 모래 한 알로 살아왔다
풍랑에 이리 씻기고 저리 씻기며
허물어지고 으깨지면서 닳고 닳아
바닷가로 밀려난 한 개 모래알이었다

이제는
모래알로 남아
물살에 휩쓸리며
아무도 들르지 않았던
무인도로 흘러들어
나도 한 개 섬이 되어야겠다

조개가 몸을 펼칠 때
그의 몸속을 파고들어
진주의 씨앗이 되자
그 씨앗이 가끔은 는개*를 맞으며
움이 돋고 자라나는 꿈을 꾸자
오늘따라 들과 산이 더욱 푸르다

* 는개 : 안개보다는 굵고 이슬보다는 가는 비.

행복한 바보

바보야 살면서 배고플 땐 빵을 먹어야지
그럴 때는 앞뒤 한 번 돌아보고
아직 들어가 보지 못한 따뜻한 물속으로 뛰어드는 거야
그래야 이 세상을 살아갈 수 있어
너에게는 그런 고매한 정신이 아직은 없어
거울 속의 너는 그 말의 의미를 이미
헤아리고 있다는 듯 웃고 있었다
해결하려면 당장 실천해라, 바보야
다행히 나는 지금껏 바보로 살아왔다
행복한 바보는 아무나 될 수 있는 것은 아니지
우선 머리가 영리하면 안 돼
길가에 버려져 있는 개똥조차
똥이 아니라고 여길 만큼의
수행이 필요하다고

바보가 행복을 잡아보겠다고
나 혼자는 넘지 못할 절벽을 정조준하며
파편들을 쏟아내곤 하였다

후회

썩 배우지 못하여
뒤처져 사는 게 싫었다
그때마다 기분을 달래보려고
마신 술이 끝내
남기는 것은
후회 하나뿐

젊었을 때의 일이다

가을을 맞으며

처서가 지났다 여름이 서서히 뒷걸음질한다 열기로 달궜던 벼 이삭이 노랗게 바래갈 때는, 열린 방문을 통하여 스멀스멀 방안으로 기어들어 숨 고르다 쫓겨나간 여름 햇볕의 생각을 키운다 뭉게구름을 타고 이곳저곳을 훑고 지났을 여름 열기도 이제 초저녁 어스레할 무렵이면 가을 풀벌레 소리에 움칫 놀라 자리를 내준다 더위에 지쳐 후줄근하던 가로등 불빛도 가을로 접어드니 상기祥氣 일어 초롱초롱한 기운을 맘껏 뽐낸다

여름 내내 성한 뙤약볕을 한 아름 받아 몸 안에 포개어 그 에너지로 한 톨 한 톨의 열매를 맺어 내 몸의 양식이 되어주는 벼를 생각한다 하지 무렵이었다면 해가 한창 남아 있을 시간이었지만 어둑어둑한 땅거미가 내린다 가을을 몰고 오는 징조다

달빛 차오른 초저녁 밥그릇 안의 쌀밥을 보고 있노라면 대지를 적신 빗줄기와 가을이 오기까지 한여름에 무던히도 내리쬐던 뙤약볕, 땀에 젖은 살갗을 시원스레 달래주던 산들바람이 생각난다 쌀알 한 톨 한 톨은 그렇게 서서히 여물어 갔다 비와 햇볕 그리고 바람은 생명을 가진 자나

그렇지 않은 것에나, 귀한 것이거나 천한 것이거나, 크거나 작거나 차별하지 않고 골고루 스쳐 지나간다

어떤 과정을 거쳐 살아가느냐가 중요하다고 하지 않았던가 때로는 우레를 동반한 소나기처럼, 자신의 체온을 먹고 자라는 생명을 위하여 볕을 내리쬐는 태양처럼, 무더위 속에서도 장소의 구별 없이 시원하게 곁을 스치고 지나가는 바람처럼, 여름은 가고 있지만, 가을을 맞으며 삶은 오히려 더 뜨겁게 달궈야겠다

얼마 지나 싱싱한 공기 한 모금에 몸이 서늘하게 찬 기운을 느끼게 될 때면, 푸른 잎사귀를 매단 나무는 겨울을 준비하느라 단풍이 들 것이고, 봄의 새로운 시작을 위하여, 북풍한설北風寒雪이 다가와도 웃으며 견뎌낼 것이다

시집 발간을 축하하며

깊은 영혼의 샘에서 우러나오는 노진세의 시는 메마른 우리 가슴을 촉촉이 적셔주는 촉매제입니다. 좋은 생각과 깨끗한 마음으로 실상을 진지하게 관조하면서 자신의 삶을 표현하는 모습은 참으로 아름답습니다. 또한, 한국감성리더시낭송협회와 함께 열정적이고 꾸밈없이 담백하게 시낭송을 하는 탁월한 감성과 겸손하고 여유 있는 성품은 우리의 영혼을 맑게 합니다. 그동안 '한국감성리더시낭송회'라는 단체 명칭으로 활동해오다 단체의 규모를 확대하여 2013. 11. 1. '사단법인 한국감성리더시낭송협회'를 창단했습니다. 이곳 회원으로 활동하고 있는 노진세는 앞으로도 계속 한국감성리더시낭송협회와 함께 고지高地를 향하여 걸어나갈 것입니다. 아울러 시창작과 시낭송으로 사회 곳곳에 참신한 에너지를 불어넣으며 능력을 발휘할 수 있기를 기대합니다.

—시인 · 시낭송가 周明 이화경(현재 전북대학교평생교육원 감성리더시낭송지도사반 지도교수, 사단법인 한국감성리더시낭송협회 대표)

노진세 시인과 함께 있으면
저는 언제나 새벽이슬처럼 맑은 사람이
되어가기에 든든하고 기뻤습니다.
무슨 일이든지 정성을 다하는 저자를 지켜보면서
나도 몰래 파란 희망이 자라났습니다.
바로 우리가 보아왔던 저자의 모습 그대로입니다.
그동안 저자는 시 창작과 시 낭송에 성실한 모습을 보였습니다.
이제 곧 독자들 품으로 나아갈 두 번째
시집 출간을 진심으로 축하드립니다.

—시인 · 시낭송가 고순복

노진세 시집

두 개의 달이 뜨던 밤

초판인쇄 | 2013년 11월 10일
초판발행 | 2013년 11월 15일

지 은 이 | 노 진 세
발 행 인 | 서 정 환
발 행 처 | 신아출판사

출판등록 | 제465-1984-000004호
주　　소 | 전주시 완산구 공북1길 16(태평동)
전　　화 | Tel. 063-275-4000, 063-252-5633
팩　　스 | (063) 274-3131
E-mail | shina321@chol.com
sina321@hanmail.net

값 8,000원

이 도서의 국립중앙도서관 출판시도서목록(CIP)은 서지정보유통지원시스템 홈페이지(http://seoji.nl.go.kr)와 국가자료공동목록시스템(http://www.nl.go.kr/kolisnet)에서 이용하실 수 있습니다.(CIP제어번호: CIP2013023299)

ISBN 979-11-5605-023-0　03810